EL LIBRO DE COKTAILS

100 recetas con ingredientes frescos

Aleandro Gutierrez, Alejandría Thompson

Descargo de responsabilidad

La información contenida i está destinada a servir como una colección completa de estrategias sobre las que el autor de este libro electrónico ha investigado. Los resúmenes, estrategias, consejos y trucos son solo recomendaciones del autor, y la lectura de este libro electrónico no garantiza que los resultados de uno reflejen exactamente los resultados del autor. El autor del eBook ha realizado todos los esfuerzos razonables para proporcionar información actualizada y precisa a los lectores del eBook. El autor y sus asociados no serán responsables de ningún error u omisión no intencional que se pueda encontrar. El material del eBook puede incluir información de terceros. Los materiales de terceros forman parte de las opiniones expresadas por sus propietarios. Como tal, el autor del libro electrónico no asume responsabilidad alguna por el material u opiniones de terceros. Ya sea debido a la progresión de Internet o a los cambios imprevistos en la política de la empresa y las pautas de presentación editorial, lo que se declara como un hecho en el momento de escribir este artículo puede volverse desactualizado o inaplicable más adelante.

Sommario

Cócteles deliciosos y creativos

5 0 recetas con ingredientes frescos

Aleandro Gutierrez

Descargo de responsabilidad

La información contenida i está destinada a servir como una colección completa de estrategias sobre las que el autor de este libro electrónico ha investigado. Los resúmenes, estrategias, consejos y trucos son solo recomendaciones del autor, y la lectura de este libro electrónico no garantiza que los resultados de uno reflejen exactamente los resultados del autor. El autor del eBook ha realizado todos los esfuerzos razonables para proporcionar información actualizada y precisa a los lectores del eBook. El autor y sus asociados no serán responsables de ningún error u omisión no intencional que se pueda encontrar. El material del eBook puede incluir información de terceros. Los materiales de terceros forman parte de las opiniones expresadas por sus propietarios. Como tal, el autor del libro electrónico no asume responsabilidad alguna por el material u opiniones de terceros. Ya sea debido a la progresión de Internet o a los cambios imprevistos en la política de la empresa y las pautas de presentación editorial, lo que se declara como un hecho en el momento de escribir este artículo puede volverse desactualizado o inaplicable más adelante.

RECETAS DE COCTELES

FIESTA DE SAN VALENTÍN

TE CASARÍAS CONMIGO

BUEN COMPAÑERO ALEGRE

Oye SEXY SEXY

UN ASUNTO DE AÑO NUEVO

MEMORIAS DE MENTA

BOMBA DE JEREZ DE MELOCOTÓN

COLOMBIANA

SALVANDO A RYAN

RUMSARLA

FRESA BURBUJOSA BAYA

calvados TEARDROP

COCK-A-DOODLE DOO

PUEBLO ROJO PÚRPURA

BLOODY MARY

MELOCOTÓN FUZZ

VODKA MENTA

TORO SANGRIENTO

PONCHE DE LECHE

FLIP DE CAFÉ

FLIP DE MARCA

FLIP MADEIRA MENTA

POLINESIANO RECÓJAME

ENFRIADOR CITRONELLA

MAYO FLORECE FIZZ

SANGRIA

COCTEL DE DESAYUNO DE BODAS MEXICANAS

MIMOSA MELOCOTÓN

MELOCOTÓN BELLINI

GIRO DE DESTORNILLADOR

INTRODUCCIÓN

Hacer recetas de cócteles en casa puede ser bastante sencillo. Si bien puede parecer intimidante, preparar un gran cóctel es 100% accesible y hacer que esa bebida alcohólica exclusiva agregue infinitamente más diversión a cualquier noche.

Si te apetece un cóctel de vodka bien elaborado, un clásico Old-Fashioned o un Negroni maravillosamente amargo (¡a la Stanley Tucci!), Es muy probable que ni el seltzer duro ni la receta de sangría hagan el trabajo.

Algunas de estas populares bebidas mezcladas requieren aprender a usar una coctelera o romper la licuadora: ¡hola, hielo picado perfecto! - pero es divertido de practicar y te garantizará ansiosos degustadores voluntarios. Por otro lado, muchas recetas clásicas de cócteles requieren solo dos o tres ingredientes y algunas ni siquiera necesitan ningún equipo especial. Un cóctel fácil mezclado después de una larga semana puede ser de gran ayuda para que se sienta un poco más civilizado.

A continuación se muestran las mejores de nuestras mejores recetas de cócteles: ¡divertidas, elegantes y en todas partes! ¡Toma algunas batidoras, algunos cítricos frescos y tu licor favorito y comienza a temblar!

Algunos consejos sencillos para empezar

- Usa licores premium.
- Enfríelos en su refrigerador o llénelos con hielo y agua. Al enfriar el vaso, ayuda a garantizar que el cóctel permanezca refrescantemente frío hasta el último sorbo.
- Utilice un aparejo de alta calidad.
- Al agitar, use mucho hielo.
- Agite, agite y agite un poco más.
- Use vasos pequeños.
- Utilice ingredientes frescos.
- Utilice cristalería de calidad.
- Cuando mezcle cócteles con ingredientes espumosos (vino espumoso, agua con gas o agua con gas), asegúrese de agregarlos en el último segundo.

SERVICIO SECRETO

El servicio secreto es la agencia federal de aplicación de la ley más antigua de Estados Unidos, creada originalmente en 1865 para acabar con la falsificación desenfrenada con el fin de estabilizar el joven sistema financiero estadounidense. No le cuentes a nadie sobre este. Mantén la receta para ti mismo y disfruta de acciones encubiertas.

Que necesitas

- 3 onzas de ginebra London Dry
- 1 onza de Cocchi Aperitivo Americano
- 2 pizcas de amargo de angostura
- Agua tónica

Cómo mezclar y decorar

a) Llene la coctelera con hielo.
b) Agregue todos los ingredientes.
c) Revuelva.
d) Colar en una copa de martini fría.

TRUFA ARRIBA

4000 años juntos. La trufa, un precioso hongo subterráneo, tiene orígenes antiguos hasta la época de los sumerios y babilonios. ¡Levantemos una copa para brindar por el trabajo incansable de los hermanos, que han olido desinteresadamente los tesoros subterráneos de trufas durante generaciones!

Que necesitas

- 3 1/2 onzas de coñac
- Splash Grand Marnier
- 7 rodajas finas de trufa negra
- Adorne: almíbar de caramelo
- Adorne: crema batida de caramelo

Como mezclar

a) Llene la coctelera con hielo.
b) Agregue el coñac, el jugo de lima y el Grand Marnier y 2 rodajas de trufa negra.
c) Agitar.
d) Colar en un vaso frío.

Cómo adornar

a) Adorne con las cinco rodajas restantes de trufa negra, almíbar de caramelo y crema batida de caramelo.

CISNE BURBUJAS

Este cóctel Bubbly Swan es fácil de preparar, refrescante y excelente para el brunch o antes de la cena. El cóctel es un elegante recordatorio de que todos merecemos un nuevo comienzo y pasar de cualquier posición en la que se sienta impotente y a merced de fuerzas externas. Black Swan conlleva una verdad contradictoria: tenga esto en cuenta y tendrá el poder de cambiar cualquier situación desventajosa.

Que necesitas:

- 1 botella de champán brut (el tipo más seco)
- 10 oz de agua.
- $\frac{1}{2}$ onza de jugo de limón recién exprimido
- Chorrito de jugo de granada
- 1/4 taza de frambuesas
- 1 cucharada de floretes violetas comestibles

Cómo mezclar y decorar

a) Coloque las frambuesas, el jugo de limón, el jugo de granada y el agua en una licuadora o procesador de alimentos. Haga puré hasta que quede suave.
b) Coloque de 1 a 2 cucharadas de puré en el fondo de una copa de champán y cubra con champán.
c) Decorar con las violetas comestibles.
d) Con una cuchara larga, revuelva muy suavemente

D .B. COBRE

Se dice que esta es la bebida que DB Cooper se sirvió después de ese legendario día de 1971.

Que necesitas

- 1 onza de bourbon de su elección
- 10 ml de pimienta de Jamaica y dram de coco
- 4 pizcas de amargos florales caseros

Cómo mezclar y decorar

a) Llene la coctelera con hielo.
b) Agregue bourbon y dram
c) Revuelva.
d) Agregue los amargos florales y sirva.

PODER NEGRO

Este cóctel de cisne negro es tan irresistiblemente hermoso y también muy maduro para la interpretación artística. Puede agregar plumas comestibles como adorno moderno para esta bebida con textura simple.

Que necesitas:

- 2.5 onzas de vodka negro
- 1/2 onza de crème de noyaux
- 3/4 onza de jugo de limón recién exprimido
- 6 onzas de jugo de pasión
- Una pizca de polvo de carbón activado
- $\frac{1}{4}$ taza de moras peladas
- Pluma comestible negra o 1 ramita de romero
- Cubo de hielo

Cómo mezclar y decorar

a) En una coctelera agregue su crème de noyaux, jugo de pasión, jugo de limón y vodka negro. Agítalo durante 30 segundos.
b) Agregue moras y una pizca de carbón en polvo al fondo de su vaso.
c) Vierta el cóctel en su vaso y revuelva suavemente.
d) Prepare la pluma comestible y colóquela en el vaso (Opcional).
e) Alternativamente, decore con la ramita de romero.

Para la pluma comestible

Que necesitas:

- Fondant negro
- Cortador de plumas
- Herramienta de veteado
- Plástico de burbujas

Como prepararse

a) Sobre una superficie, extienda el fondant. Recorta formas de plumas con el cortador.

b) Utilice la herramienta de veteado para crear suavemente una hendidura en el centro de la pluma.

c) A continuación, estríe ambos lados de la pluma con un movimiento hacia arriba, lo más suavemente posible.

d) En el borde exterior de cada pluma, presione la herramienta de veteado un poco más profundo y corte el fondant en algunos puntos. Luego, usa tu dedo para separar el fondant un poquito para que se vea más natural.

e) Coloque las plumas en una bandeja cubierta con plástico de burbujas. Puede cubrir la superficie sobre la que está secando el fondant con una capa de azúcar en polvo para evitar que se pegue.

f) Déjelos secar durante la noche o más hasta que estén firmes. Luego, retira el plástico de burbujas y voltea suavemente las plumas y déjalas en la bandeja para que se sequen durante uno o dos días más hasta que estén completamente secas y nada flexibles.

CRIMINAL TRANQUILO

Golpéame, ódiame. Nunca podrás romperme. Me emocionas. Nunca podrás matarme. Judío, demandame. Todo el mundo, hazme. Patéame, golpéame. No me pongas blanco o negro. Suave pero contundente; un deleite pecaminoso disfrazado de batido de leche inocente. Dedicado a Michael Jackson

Que necesitas

- 2 oz (60 ml) de vodka de arándanos Triple 8
- 1 cucharada de crema ligera
- 1 cucharada de barra Contratto Bitters
- 1/2 onza de licor de albaricoque
- 1/2 onza de jugo de limón
- 1 cucharadita de granadina
- Dash Angostura amargo

Cómo mezclar y decorar

a) Llene la coctelera con hielo.
b) Agregue todos los ingredientes.
c) Agitar.
d) Colar en una copa de cóctel.

CARTALUZ Y FLOR DE SAUCO

En la mitología antigua, el árbol mayor es muy sagrado con un espíritu conocido como la Madre Mayor, que vive dentro del árbol. Este espíritu protege a cada árbol anciano y tiene la capacidad de proteger y dañar. ... En muchas leyendas antiguas, el árbol anciano es mágico y simboliza la buena salud y la prosperidad. Este burbujeante verde lima es el cóctel perfecto para una reunión familiar.

Que necesitas:

- 1/2 cucharadita de Chartreuse verde
- 1/2 cucharadita de coñac
- 4 onzas de champán brut frío
- 2 onzas de licor de flor de saúco St. Germain
- ½ onza de licor de melón Midori

Cómo mezclar y decorar

a) Vierta Chartreuse verde, coñac, licor de flor de saúco, midori y champán en una copa de champán fría.
b) Revuelva suavemente.
c) Adorne con cáscara de limón torcida.

MARTINI en punto de PARIS

Para celebrar todos los mejores bares de cócteles de martini en París. A diferencia del ajetreo y el bullicio que encontrará en los animados bares de la margen derecha, los bares de cócteles en París son los mejores lugares para relajarse un poco y disfrutar de una buena bebida.

Que necesitas

- 11/2 onzas de ginebra
- 1/2 onza de vermú dulce
- 1/2 onza de triple sec
- 3 pizcas de Angostura o amargo de naranja
- Adorne: cereza Luxardo u otra cereza de cóctel

Cómo mezclar y decorar

a) Llene la coctelera con hielo.
b) Agregue ginebra, vermú, triple sec y amargos.
c) Agitar.
d) Vierta en un vaso antiguo lleno de hielo.
e) Adorne con cereza Luxardo u otra cereza de cóctel.

LA LEYENDA DE MARASHINO

Las cerezas al marrasquino ya no son lo que fueron. Solían ser para adultos, no para niños o dedos pegajosos. Levante una copa a la leyenda de Maraschino. El sabor es seco con un toque dulce, con notas de cereza ácida y limón.

¿Qué necesitas?

- $\frac{1}{2}$ oz (15 ml) de jarabe de lavanda
- $\frac{1}{2}$ oz de almíbar con infusión de limón
- Bulleit Bourbon
- 2 pizcas de licor marrasquino
- 5 ml de whisky de malta ahumado
- Cerezas marrasquino

Como mezclar

a) Llene la coctelera con hielo.
b) Agregue los vermuts y el licor de marrasquino.
c) Revuelva.
d) Colar en una copa de martini fría.

Cómo adornar

a) Adorne con un toque de cáscara de naranja y cerezas marrasquino

VERMOUTH EN CHIOS

Dedicado a cada lágrima preciosa de la masilla única de la isla de Quíos ("mastiha"), con un regusto discreto de agua fresca de masilla y madera de lentisco. ¡El almíbar equilibra el amargor y solo un poco de miel griega le da un toque dorado!

Que necesitas

- 2 onzas de ginebra
- 1/2 onza de vermú seco
- Pizca de jarabe de azúcar
- Miel griega
- 2 pizcas de amargo de mastiha

Como mezclar

a) Llene la coctelera con hielo.
b) Agregue ginebra, vermú, jarabe de azúcar, miel griega y amargo de mastiha.
c) Agitar.

Cómo servir y decorar

a) Colar en una copa de martini fría.
b) Adorne con una ramita de menta flotante.

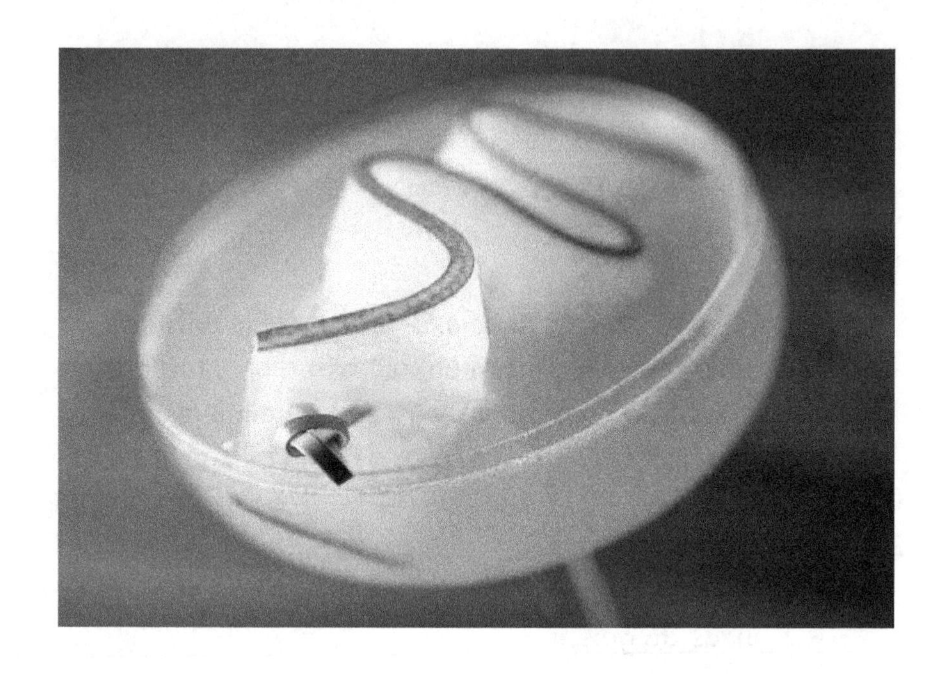

2020

Seguramente deberías bajar uno de estos después de escapar de la furia y las siniestras garras de 2020.

Que necesitas

- 1/2 onza de vodka de pimienta
- 1/2 onza de vermú seco
- Cynar
- Granos de pimienta de Sichuan
- Pizca de chile jalapeño
- Pizca de pimienta de cayena

Cómo mezclar y decorar

a) Llene la coctelera con hielo.
b) Agregue pimienta, vermut y cynar.
c) Revuelva.
d) Colar en un vaso frío .
e) Adorne con un chile jalapeño , granos de pimienta y una pizca de pimienta de cayena.

VACACIONES DORADAS

¡Los días festivos no son el momento para nada loco! El plan es relajarse durante el día y disfrutar de una buena comida y cócteles por la noche.

Que necesitas:

- 1/2 onza de bourbon
- 1/2 onza de galliano
- 1/2 onza de crema de cacao
- 1/2 onza de brandy
- 1 a 2 onzas de crema dulce
- 1 onza de licor de jengibre

Cómo mezclar y decorar

a) Llene la coctelera con hielo.
b) Agregue bourbon, galliano, crème de cacao, licor de jengibre, brandy y crema dulce.
c) Agitar.
d) Colar en una copa de cóctel.

CUMPLEAÑOS DELICIOSA CREMOSA

¡¡Cóctel dulce, achocolatado, decadente y cremoso para brindar por cualquier cumpleañera !!

Que necesitas:

- 1 onza de crème de menthe
- 1 onza de crema
- 1 $\frac{1}{2}$ cucharadita de néctar de agave ligero
- 2 cucharadas. sirope de chocolate
- 10 hojas de menta

Cómo mezclar y decorar

a) En una coctelera, tritura la menta y el néctar de agave.
b) Mezclar todos los ingredientes en una coctelera y verter.
c) servir

LA MAÑANA SIGUIENTE

Lo mejor para un sábado por la mañana mientras cuenta los locos eventos de la noche anterior con sus amigos.

Que necesitas:

- 1/2 onza de brandy con sabor a café
- 1/2 onza de licor de café
- 2 onzas. RonChata
- 1 cucharada. sirope de chocolate

Cómo mezclar y decorar

a) Llena una coctelera con hielo.
b) Agregue brandy con sabor a café, RumChata, sirope de chocolate y licor de café.
c) Agitar.
d) Colar en cualquier tipo de vaso.
e) También puede cubrir con crema batida.

ribbean Rum Wit
eal Dairy Cream
al & Artificial F

AMARGO SE ENCUENTRA AMARGO

¿Puedes hacer esta bebida? No todo el mundo puede. Esta bebida está destinada a celebrar solo lo que pocos de nosotros podemos hacer.

Que necesitas

- 1/2 onzas Strane Uncut London Dry Gin (El padrino de la ginebra)
- 2 pizcas de amargo de angostura
- 1 pizca de amargo de Peychaud
- 2 pizcas de amargo de naranja

Cómo mezclar y decorar

a) Llene la coctelera con hielo.
b) Agrega todos los ingredientes
c) Agitar.
d) Colar en un vaso frío.

VIOLETA DE LA SUERTE

Una delicada bebida floral que es tan cremosa que es casi esponjosa. Perfecto al final de un día exitoso

Que necesitas:

- 1 onza de jugo de limón
- 1/2 cucharadita de azucar
- 1 1/2 onzas de ginebra
- 1/2 onza de crème de violette
- 1/4 oz de jarabe de oxymel infundido con romero y tomillo
- 3 a 4 gotas de agua de azahar

Cómo mezclar y decorar

a) Llene la coctelera con hielo.
b) Añadir el zumo de limón, el azúcar, la ginebra, la crème de violette, el almíbar y el agua de azahar. C. Agitar.
c) Colar en un vaso alto con hielo.
d) Rellene con agua mineral con gas.

ESTAR BIEN DE SALUD

Un vaso de este brebaje saludable con especias, sidra de manzana y coñac es ideal para un brunch en un día frío o cálido.

Que necesitas:

- 2 cuartos de sidra de manzana
- 1 1/3 tazas de jugo de limón
- 2 pizcas de amargo de naranja
- 1 1/2 cucharadita cúrcuma molida
- 6 ramitas de canela
- 12 dientes enteros
- miel de maple
- 12 pimienta de Jamaica entera
- 1 1/2 cucharaditas de nuez moscada
- 2 quintos de jerez seco

Cómo mezclar y decorar

a) Coloque la sidra de manzana, el jugo de limón y todas las especias en una olla.
b) Llevar a ebullición.
c) Tape y cocine a fuego lento durante 20 minutos.
d) Retire las especias de la mezcla.
e) Agregue jerez, jarabe de arce y amargo de naranja
f) Calentar hasta que hierva justo por debajo.
g) Llene una ponchera con agua hirviendo.

h) Deje reposar durante un minuto para calentar el bol.
i) Vierta el agua del tazón de ponche.
j) Vierta la mezcla de la estufa a la ponchera.
k) Adorne con rodajas de manzana tachonadas con clavo.

BUENAS NUEVAS

Me lanzo a esta bebida y les deseo buenas noticias a usted y a todos sus familiares.

Que necesitas:

- 1 botella de champagne
- 1 lata de jugo de arándano concentrado congelado, descongelado
- Arándanos (congelados)
- 1/2 onza de licor de naranja
- 1 cucharadita de miel líquida
- tomillo

Cómo mezclar y decorar

a) Vierta champán, miel, licor de naranja y concentrado de jugo de arándano en una ponchera.

b) Revuelva

c) Agregue los arándanos congelados.

d) Decorar con rodajas de lima o tomillo.

e) servir

FELIZ ACEPTACIÓN DE JENGIBRE

Brinde por San Patricio. Bienaventurado el que persigue serpientes fuera de un país.

Que necesitas:

- 3/4 onza de licor de menta verde
- 3/4 onza de Chartreuse verde
- $\frac{3}{4}$ onza de whisky irlandés
- Dash Angostura amargo
- Jarabe de caña de azúcar

Cómo mezclar y decorar

a) Llene la coctelera con hielo.
b) Agregue aguardiente, Chartreuse, almíbar, whisky y amargos.
c) Revuelva.
d) Colar en una copa de cóctel.

FIESTA DE SAN VALENTÍN

¡Se ve tan bien que podría calificar como postre! Dulce como el primero

Que necesitas:

- 1 1/2 onzas de vodka
- 1/2 onza de licor de chocolate
- 1/4 onza de licor de cereza
- Pétalos de rosa comestibles
- $\frac{3}{4}$ onza de crema espesa
- 1 oz de licor de naranja sanguina

Cómo mezclar y decorar

a) Llene la coctelera con hielo.
b) Agregue vodka, licores y crema.
c) Agitar.
d) Colar en una copa de cóctel fría.
e) Adorne con pétalos de rosa

TE CASARÍAS CONMIGO

¡El acompañamiento perfecto para una fiesta de compromiso!

Que necesitas:

- 1 1/2 oz de vodka
- 1/2 oz de licor de frambuesa
- 1/2 oz de jarabe simple
- 5 pétalos de rosa comestibles
- champán
- bayas de escofina

Cómo mezclar y decorar

a) Vierta licores y almíbar simple en una copa de cóctel
b) Vierta el champán
c) Ga rnish con pétalos de rosa y escofina bayas.

Cook's
Cook's

BUEN COMPAÑERO ALEGRE

¡Lo mejor para celebrar a un buen amigo!

Que necesitas:

- 4 onzas de jugo de naranja
- 1 melocotón o nectarina
- 6 gotas de agua de azahar
- 1 clara de huevo
- Tequila
- Dash granadina
- 3 onzas de hielo
- Cubos de hielo
- 2 onzas de tequila

Cómo mezclar y decorar

a) Vierta jugo, fruta y granadina en una licuadora con hielo.

b) Licue hasta que quede suave.

Oye SEXY SEXY

Para los amantes de la ginebra y los románticos desesperados, ¡mezcle esta delicia rosa y será amor al primer sorbo!

Que necesitas:

- 1 onza de amaretto
- 1/2 onza de crema de cacao
- 1 onza de ginebra
- 1 onza de crema espesa
- Dash amargos

Cómo mezclar y decorar

a) Llene la coctelera con hielo.
b) Agregue amaretto, crème de cacao, gin, bitters y crema espesa.
c) Agitar.
d) Colar en un vaso cordial.

UN ASUNTO DE AÑO NUEVO

Este increíble cóctel de licor de café combina licor de café, jugo de naranja y brandy, aderezado con una rodaja de naranja y bayas para darle un toque extra de cóctel afrutado. ¡Perfecto para el día de Año Nuevo!

Que necesitas:

- 1/2 onza de espresso
- 1/2 onza de Grand Marnier
- 1 1/2 onzas de tequila plateado
- 1/2 onza de jugo de naranja
- 1 onza de licor de moras (opcional)
- Rodaja de naranja (opcional)

Cómo mezclar y decorar

a) Vierta el espresso , el Grand Marnier, el tequila plateado, el licor de moras y el jugo de naranja en la coctelera.
b) Vierta sobre hielo picado en una copa de champán de platillo hondo.
c) Adorne con una rodaja de naranja.

Yum!

MEMORIAS DE MENTA

Como ese helado que amabas cuando eras niño, además de la ventaja adicional que viene con la edad adulta. No hay mejor bebida que esta para tomar mientras se recuerdan los buenos tiempos que parecen demasiado lejanos.

Que necesitas:

- 3/4 onza de crème de menthe
- 5 oz de chocolate semidulce, picado en trozos grandes
- 3/4 onza de crema de cacao
- Azúcar
- 4 hojas de menta

Cómo mezclar y decorar

a) Llene la coctelera con hielo.
b) Agregue la crema de menta, los trozos de chocolate y la crema de cacao . Agitar.
c) Colar la mezcla en un vaso.
d) Decorar con hojas de menta

BOMBA DE JEREZ DE MELOCOTÓN

El melocotón llegó a asociarse con la riqueza, la salud, la abundancia y la longevidad. El melocotón también se conoce como un símbolo del feng shui. En China, el "amor a la suerte" a menudo se conoce como "la suerte de las flores de durazno. Si bien estas frutas se pueden encontrar en buena forma de abril a octubre, estarán en su mejor momento desde junio hasta finales de agosto. También pueden ser encontrado en cualquier momento en una copa de jerez melocotón!

Que necesitas

- 1 botella de champán extra seco
- 1 lata de néctar de durazno
- 1/2 onza de hojas de albahaca trituradas (aproximadamente 8 hojas)
- 1 onza de vinagre de jerez
- 10 oz de agua

Cómo mezclar y decorar

a) Vierta champán en su copa 2/3 de su capacidad.
b) Llene el resto de la clase con néctar de melocotón, vinagre de jerez y agua.
c) Agregue la albahaca y revuelva

COLOMBIANA

Sabe mejor cuando viste un traje blanco y un gran sombrero mientras celebras la rica herencia cultural y los diversos paisajes de Colombia .

Que necesitas

- $1\frac{1}{2}$ oz de ron colombiano añejo
- $\frac{1}{4}$ oz de jarabe de maracuyá Marie Brizard
- 2 oz de refresco de naranja sanguina
- 12 onzas de ginger ale
- 10 gramos de tamarindo

Cómo mezclar y decorar

a) Llene la coctelera con hielo.
b) Agregue todos los ingredientes.
c) Agitar
d) Colar

GENIO FUERA DE UNA BOTELLA

El genio se sentó en el trono de Salomón en su palacio y reinó sobre su reino, lo que obligó a Salomón a convertirse en un vagabundo. Dios obligó al genio a arrojar el anillo al mar. Solomon lo recuperó y castigó al genio encerrándolo en una botella.

Que necesitas

- 2 onzas de ginebra
- 1/2 onza de jerez fino
- Jarabe simple de pétalos de rosa
- 1 a 1½ oz. (30-45 ml) Destilador de tequila blanco
- ½ oz. (15 ml) de agave con infusión de naranja
- Licor Ancho Reyes

Cómo mezclar y decorar

a) Llene la coctelera con hielo.
b) Agrega todo y revuelve.
c) Colar en un vaso.

Para el jarabe simple de pétalos de rosa:

- 1 taza de pétalos de rosas silvestres frescos lavados (o 1/3 de taza de pétalos secos, grado alimenticio, disponible en la sección a granel de los mercados gourmet)
- 1 taza de azucar

- 1 taza de agua
- 1 cucharadita de jugo de limón.

SALVANDO A RYAN

El nombre de un soldado real llamado Fritz Niland y una directiva de 'único sobreviviente' del Departamento de Guerra de EE. UU. Diseñada para evitar que las familias pierdan a cada uno de sus hijos

Que necesitas

- Curazao
- Sriracha Bitters
- 10 ml de verjuice
- 10 ml de licor de tomillo castro

Cómo mezclar y decorar

a) Verter suficiente curacao en pre - chille vidrio d cóctel a los lados de la capa.
b) Twi vidrio rl y capa con curacao.
c) Llene la coctelera con hielo.
d) Agregue los demás ingredientes.
e) Revuelva.
f) Colar en vaso.

RUMSARLA

El poco conocido vino Marsala es un vino generoso elaborado en Sicilia. Marsala se usa más comúnmente en la cocina para crear salsas caramelizadas ricas y con nueces. Aquí, Marsala se encuentra con el ron y el jengibre y el resultado es asombrosamente bueno.

Que necesitas

- 3/4 onza de Marsala seco
- Licor Domaine de Canton Ginge r
- 30 ml de agua de coco joven
- 45 ml de ron especiado
- 250 gramos de ron oscuro

Cómo mezclar y decorar

a) Llene la coctelera con hielo.
b) Agregue todos los ingredientes.
c) Revuelva.
d) Colar en un vaso

FRESA BURBUJOSA BAYA

El cóctel Strawberry Bubbly Berry es fácil de preparar, refrescante y excelente para el brunch o antes de la cena.

Que necesitas

- 1 taza de fresas peladas, frescas o congeladas
- $\frac{1}{2}$ onza (1 cucharada) de jugo de limón recién exprimido
- botella (750 ml) de champán brut
- 10 oz de agua

Cómo mezclar y decorar

a) Coloque las fresas, el jugo de limón y el agua en una licuadora o procesador de alimentos. Haga un puré hasta que quede suave.

b) Coloque de 1 a 2 cucharadas de puré en el fondo de una copa de champán y cubra con champán. Con una cuchara larga, revuelva muy suavemente

c) ¡ Bebe!

Calvados TEARDR OP

El nombre de higos; una fruta única que se asemeja a una lágrima cuya pulpa es rosada y tiene un sabor suave y dulce y una cáscara comestible de color púrpura o verde

Que necesitas

- 1 1 / 2 oz ginebra
- 1/2 onza de Calvados
- 1/2 onza de jugo de limón
- jarabe simple de hoja de parra
- 1/8 de libra de higos turcos (secos; cortados en cubitos)
- 1/4 de libra de higos de la misión (secos; cortados en cubitos)
- 1 onza de bourbon con infusión de higos

Cómo mezclar y decorar

a) Para hacer el almíbar simple, combine el azúcar, el agua y las hojas de higuera en una cacerola pequeña y cocine a fuego lento a fuego medio. Cocine hasta que el azúcar se haya disuelto, unos 5 minutos. Retirar del fuego y dejar reposar hasta que se enfríe. Deseche las hojas de higuera y transfiéralas a un recipiente de vidrio pequeño.

b) En una coctelera, tritura los higos. Agregue hielo, ginebra, calvados, jugo de limón y almíbar simple.

c) Agitar vigorosamente

d) Colar en una copa de martini fría.

COCK-A-DOODLE DOO

Cock-a-doodle doo! Despierta y disfruta del verano. ¡Prepara esta bebida de ensueño con mucho hielo, un vaso alto y siéntate en un gran sillón!

Que necesitas:

- 1 1/4 onzas de ron de grado 151
- 1/2 onza de crème de noyaux
- 6 onzas de jugo de pasión
- Un chorrito de jugo de granada
- Rodajas de naranja

Cómo mezclar y decorar

a) Incorporar en un vaso Collins con hielo.

b) ¡Disfruta!

PUEBLO ROJO PÚRPURA

El color rojo / púrpura intenso y profundo de la remolacha simboliza el corazón, la sangre y el amor. ... No solo difunden el amor, sino que también crean una sensación de relajación y bienestar.

Que necesitas

- Splash licor de frambuesa
- 3 onzas de vodka
- 1 onza de jugo de remolacha roja fresca
- 1 onza de amaro
- 1 cucharadita de dram de pimienta de Jamaica
- Chambord

Cómo mezclar y decorar

a) Llene la coctelera con hielo.
b) Agregue todos los ingredientes
c) Agitar.
d) Colar en un vaso.

BLOODY MARY

Diga Bloody Mary tres veces antes de acostarse. Cuando se despierte por la mañana, asegúrese de tener uno.

- 1 1/2 onzas de vodka (o vodka con pimienta para darle sabor)
- 3 onzas de jugo de tomate 1/2
onza de jugo de limón Una pizca
o dos de salsa Tabasco
- Una pizca o dos de salsa Worcestershire

- Pizca de sal de apio

- Pizca de pimienta

- Un poco de rábano picante

Enfríe una coctelera.

Agregue vodka, jugo de tomate, jugo de limón, salsa Tabasco y salsa Worcestershire.

Agregue sal, pimienta y rábano picante al gusto.

Vierta en un vaso Collins frío o en una jarra de cerveza.

Adorne con una rodaja de lima o un tallo de apio. También se prefieren como guarniciones: judías verdes en escabeche, vainas de quingombó y aceitunas rellenas de ajo.

MELOCOTÓN FUZZ

Suave y velloso, el suero perfecto para llevar el plato a la novia de tu hermano.

- 3 duraznos maduros
- 6 onzas de limonada rosa
- 6 onzas de vodka
- Cubitos de hielo para llenar licuadora

Pon los duraznos, la limonada rosada, el vodka y el hielo en una licuadora.

Licue hasta que el hielo esté triturado.

Coloque en el congelador durante cuatro horas.

Ponga en vasos de highball.

(Para 6)

VODKA MENTA

Precaución: una herramienta de uso frecuente para los interrogadores maternas de cara dulce.

- 6 onzas de lima congelada
- 6 onzas de vodka
- 17 hojas de menta

Combine la lima, el vodka y las hojas de menta con suficiente hielo para llenar la licuadora.

Licue a la velocidad más alta hasta que esté fangoso. Vierta en copas de cóctel.

Cubra con rodajas finas de lima y hojas de menta. (Para 4 personas)

TORO SANGRIENTO

Para la mañana siguiente. Resuelve los problemas de la despedida de soltera fuera de control de anoche.

- 10 1/2 onzas de consomé
- 24 onzas de jugo de tomate
- 3 cucharadas de jugo de limón
- 2 cucharadas de salsa Worcestershire
- 1 cucharadita de sal de apio
- 1 cucharadita de sal de ajo
- 2 cucharaditas de sal
- 9 onzas de vodka

Mezcle todos los ingredientes en una jarra.

Sirva en vasos highball con hielo. (Para 6)

PONCHE DE LECHE

Una bebida verdaderamente de la vieja escuela, servida en bodas y almuerzos a lo largo de las décadas.

- 8 onzas de leche fría
- 1/2 onza de bourbon
- 3/4 onza de crema de cacao

Llene la coctelera con hielo.

Agregue la leche, el bourbon y la crema de cacao.

Agitar.

Vierta en una copa.

FLIP DE CAFÉ

Guau. Esto hace que las telarañas corran gritando.

- 1 onza de coñac
- 1 onza de oporto leonado
- 1 huevo pequeño
- 1 cucharadita de azucar

Llene la coctelera con hielo.

Agregue el coñac, el oporto, el huevo y el azúcar.

Agitar.

Colar en un vaso delmonico frío.

Espolvoree con nuez moscada.

FLIP DE MARCA

Sabe tan bien que harás volteretas y saltos mortales hasta las cuatro.

- 1 onza de brandy
- 1 onza de brandy con sabor a albaricoque
- 1 huevo pequeño
- 1 cucharadita de azucar

Llene la coctelera con hielo.

Agregue brandies, huevo y azúcar.

Agitar.

Colar en un vaso Delmonico frío.

Espolvoree con nuez moscada.

FLIP MADEIRA MENTA

Madeira, querida?

- 1 1/2 onzas de Madeira
- 1 onza de licor de chocolate y menta
- 1 huevo pequeño
- 1 cucharadita de azucar

Llene la coctelera con hielo.

Agrega Madeira, licor, huevo y azúcar.

Agitar.

Colar en un vaso Delmonico frío.

Espolvoree con nuez moscada.

POLINESIANO RECÓJAME

No, esto no implica llevar a una virgen al volcán.

Tu destino es mucho más agradable.

- 4 onzas de jugo de piña
- 1 1/2 onzas de vodka
- 1/2 cucharadita de curry en polvo 1/2 cucharadita de jugo de limón 1 cucharada de crema
- 2 pizcas de salsa Tabasco
- 4 onzas de hielo picado

Vierta todos los ingredientes en una licuadora.

Licue durante 10 segundos a alta velocidad.

Vierta en un vaso antiguo frío.

Espolvoree con pimienta de cayena.

ENFRIADOR CITRONELLA

Para un brunch sin mosquitos garantizado

- 1 onza de vodka cítrico
- Una pizca de jugo de lima
- 2 onzas de limonada fría
- 1 onza de jugo de arándano frío

Prepare vodka, jugo de lima, limonada y jugo de arándano en un vaso Collins.

Cubra con un chorrito de lima fresca.

MAYO FLORECE FIZZ

Tan dulcemente embriagador como las flores primaverales. Sus invitados pueden divertirse alrededor del May Pole.

- 1 cucharadita de granadina
- 1/2 onza de jugo de limón
- 1 onza de agua mineral con gas
- 2 onzas de Punsch

Llene la coctelera con hielo.

Agregue granadina, jugo de limón, agua con gas y Punsch.

Agitar.

Colar en un vaso antiguo.

Cubra con soda.

SANGRIA

Entorno perfecto: jarra para dos, Melrose Avenue, una noche de infinitas posibilidades.

- 1/5 de vino tinto seco
- 1 melocotón maduro
- 6 rodajas de limón
- 1/2 onza de coñac
- 1 onza de triple sec
- 1 onza de licor de marrasquino
- 1 cucharada de azucar
- 1 naranja entera
- 6 onzas de gaseosa fría

Vierta el vino en una jarra de vidrio.

Agregue rodajas de melocotón y limón pelados y en rodajas.

Agregue el coñac, el triple sec, el licor de marrasquino y el azúcar.

Revuelva para disolver el azúcar.

Coloca con cuidado la naranja en la jarra. (Vea abajo.)

Deje marinar la mezcla a temperatura ambiente durante al menos 1 hora.

Agrega soda y 1 bandeja de cubitos de hielo a la jarra.

Revolver.

Vierta en copas de vino.

(Para 6)

(Para la naranja: corte la cáscara de naranja en una tira larga, comenzando en el extremo del tallo y continuando hasta que la espiral llegue al fondo de la fruta. Asegúrese de exponer la fruta mientras corta. Deje la cáscara adherida al fondo de la naranja para suspender la fruta en la jarra).

COCTEL DE DESAYUNO DE BODAS MEXICANAS

Va bien con huevos rancheros y un resplandor de novia ruborizado

- 1 1/2 onzas de jerez
- 1 huevo
- 1 cucharadita de azúcar en polvo
- Gota de salsa Tabasco o pizca de pimienta de cayena

Llene la coctelera con jerez, huevo, azúcar en polvo y salsa Tabasco o pimienta de cayena.

Agitar.

Colar en una copa de cóctel.

MIMOSA MELOCOTÓN

Un toque dulce en el clásico brunch favorito.

- 1 onza de licor de durazno
- zumo de naranja
- champán

Vierta aguardiente de melocotón en una copa de champán.

Agregue suficiente jugo de naranja para llenar la mitad del vaso.

Cubra con champán.

MELOCOTÓN BELLINI

Un favorito de las novias de junio más exigentes.

- 1 melocotón pelado y sin hueso
- champán

Haga puré de melocotón y colóquelo en una copa de champán.

Agrega champán.

GIRO DE DESTORNILLADOR

Todo el mundo quiere un turno.

- 3 1/2 tazas de jugo de naranja
- 4 onzas de vodka
- 2 cucharaditas de jugo de limón
- 2 cucharaditas de triple seco

Combine todos los ingredientes en una jarra.

Revolver.

Enfríe en el refrigerador.

Vierta en vasos highball con hielo.

Adorne con rodajas de naranja.

(Para 4 personas)

Las recetas fáciles de cócteles

Más de 50 cócteles rápidos y fáciles

Alejandría Thompson

Descargo de responsabilidad

La información contenida i está destinada a servir como una colección completa de estrategias sobre las que el autor de este libro electrónico ha investigado. Los resúmenes, estrategias, consejos y trucos son solo recomendaciones del autor, y la lectura de este libro electrónico no garantiza que los resultados de uno reflejen exactamente los resultados del autor. El autor del eBook ha realizado todos los esfuerzos razonables para proporcionar información actualizada y precisa a los lectores del eBook. El autor y sus asociados no serán responsables de ningún error u omisión no intencional que se pueda encontrar. El material del eBook puede incluir información de terceros. Los materiales de terceros forman parte de las opiniones expresadas por sus propietarios. Como tal, el autor del libro electrónico no asume responsabilidad alguna por el material u opiniones de terceros. Ya sea debido a la progresión de Internet o a los cambios imprevistos en la política de la empresa y las pautas de presentación editorial, lo que se declara como un hecho en el momento de escribir este artículo puede volverse desactualizado o inaplicable más adelante.

RECETAS DE COCTELES

JULEP DE MELOCOTÓN PERFECTO

B AY BREEZE

BRISA MARINA

CAPE COD

MARIA SANGRIENTA

COCTEL AZALEA

RAMOS GIN FIZZ

CLAMDIGGER

LLUVIA DE VERANO

AMANECER MIMOSA

BRUNCH RUSO

ENFRIADOR COUNTRY CLUB

ENFRIADOR DE FRUTAS DE LA PASIÓN

PONCHE BRUNCH

FIZZ DE ALBARICOQUE

FRAISE FIZZ

GRAND ROYALE FIZZ

SPRITZ DE CREMA DE ALBARICOQUE

AMARGO HELADO

ENFRIADOR DE MANGO

OJEN FRAPPE

COCTEL OJEN

ABSINTHE FRAPPE

ELEVADOR MAÑANA DEL EMBAJADOR

COCTEL DE LLAMADA MAÑANA

PERNOD CLASSIQUE

MARÍA DANÉS HELADA

MEZCLA DE BLOODY MARY

MADRAS

DESAYUNO EGGNOG

BUENOS DÍAS FIZZ

ROSE EN JUNIO FIZZ

FLIP DE JEREZ

PÁJARO DEL PARAÍSO FIZZ

MIMOSA FRESA ESPUMOSA

DESAYUNO MARTINI

AZUL CHAMPÁN

CHAMPÁN DU MARCO

CHAMPÁN FLIP

SANGRIA ESPECIALE

PONCHE DE UVA BLANCA, MANDARINA Y VINO ESPUMOSO

CHAMPAGNE SORBETE PUNCH

PUNZÓN CHAMPÁN

PONCHE DE BACCIO

ORO CALIENTE

ENFRIADOR DE CAFÉ

HIGHBALL DE BULLDOG

JENGIBRE FIZZ

MAÑANA FIZZ

ENFRIADOR ROBERT E. LEE

OASIS NARANJA

SPARKLE DE FRESA

Fresa-CRANBERRY FROST

AMORÍO

JULEP DE MENTA CONGELADA

LAKE BREEZE

FANCY FIX

COPA DE PIMM

MANGO BATIDA

JULEP DE MELOCOTÓN PERFECTO

- 1 durazno mediano fresco frío
- 2 onzas de bourbon

- Hielo picado
- ramitas de menta

Pelar, deshuesar y cortar en rodajas el melocotón.

Tritura el durazno en una licuadora.

Agrega el azúcar y procesa.

Agrega el bourbon.

Vierta sobre hielo picado en una taza plateada de julepe.

B AY BREEZE

Un buen cumplido para las mañanas perezosas en los Outer Banks.

- 1 onza de vodka
- Chorrito de jugo de piña
- Chorrito de jugo de arándano

Vierta el vodka en un vaso alto con hielo.

Salpica con jugos.

1

BRISA MARINA

Bebe mientras miras la America's Cup. Desea un velero propio.

- 1 1/2 onzas de ginebra
- 3/4 onza de brandy con sabor a albaricoque 1/4 onza de granadina 1 onza de jugo de limón
- Club soda
- ramitas de menta

Prepare ginebra, brandy, granadina y jugo de limón en un vaso alto.

Agrega hielo.

Llenar con agua mineral con gas.

Agrega ramitas de menta.

CAPE COD

Evoca recuerdos matutinos de Martha's Vineyard.

Incluso si nunca lo has visitado.

- 1 1/2 onzas de vodka
- 1/2 onza de jugo de lima
- 1 onza de jugo de arándano
- 1/2 cucharadita de azucar

Llene la coctelera con hielo.

Agregue vodka, jugos y azúcar.

Agitar.

Colar en copa de cóctel.

MARIA SANGRIENTA

¡Ay Caramba! ¡Tequila por la mañana!

- 1 1/2 onzas de tequila
- 2 pizcas de salsa Worcestershire
- Espolvorear de sal
- Espolvorear de pimienta
- Espolvorear sal de apio
- Jugo de tomate

Prepare el tequila y la salsa Worcestershire en un vaso doble antiguo.

Espolvoree sal, pimienta y sal de apio.

Rellenar con jugo de tomate y hielo.

COCTEL AZALEA

Beba mientras se balancea en la terraza de una plantación en medio de una colorida explosión de flores.

- 3/4 onza de jugo de lima
- 3/4 onza de jugo de piña
- 2 1/4 onzas de ginebra
- 4 guiones de granadina

Llene la coctelera con hielo.

Agregue jugos, ginebra y granadina.

Agitar.

Colar en una copa de cóctel.

(Esta bebida se puede hacer más espumosa agregando 1 1/2 onzas de crema batida espesa. Si agrega crema batida espesa, use una copa como cristalería).

1

RAMOS GIN FIZZ

Dato curioso: cada vez que el legendario gobernador de Luisiana, Huey P. Long, viajaba a la ciudad de Nueva York, se llevaba a su propio barman de Nueva Orleans para poder preparar esta bebida de forma correcta.

- 1 1/2 onzas de ginebra
- 2 cucharadas de crema
- 1/2 onza de jugo de limón
- 1 clara de huevo
- 1 cucharada de azúcar en polvo
- 3 a 4 gotas de agua de flor de naranja 1/2 onza de jugo de lima 1/4 onza de agua mineral con gas

Llene la coctelera con hielo.

Agregue ginebra, crema, jugo de limón, clara de huevo, azúcar en polvo, agua de flor de naranja y jugo de lima.

Agitar.

Colar en una copa.

Cubra con agua carbonatada fría.

CLAMDIGGER

¡Ponte los pantalones cortos y agarra la pala y el cubo!

- 1 1/2 onzas de vodka
- 3 onzas de jugo de almejas
- 3 onzas de jugo de tomate
- Una pizca de salsa Tabasco
- Una pizca de salsa Worcestershire
- Sal y pimienta para probar

Llena un vaso alto con hielo.

Vierta todos los ingredientes.

Revolver.

Adorne con una rodaja de lima.

LLUVIA DE VERANO

Tan refrescante como un aguacero sorpresa en agosto.

- 3 onzas de licor de arándanos
- jugo de manzana
- Rodaja de limón ♥

Vierta el licor de arándano en un vaso alto medio lleno de hielo.

Cubra con jugo de manzana.

Agrega un chorrito de lima.

Revolver.

Adorne con una rodaja de lima.

AMANECER MIMOSA

Una recompensa por levantarse antes que los demás invitados.

- 1 cucharada de néctar de albaricoque
- 1 cucharada de jugo de naranja
- 2 onzas de champán

Vierta néctar de albaricoque y jugo de naranja en una copa de champán.

Agregue lentamente el champán.

Adorne con una rodaja de naranja o dos frambuesas.

BRUNCH RUSO

Prueba este con una guarnición de borscht. O no.

- 8 onzas de vodka
- 12 onzas de jugo de naranja

- 8 onzas de champán

Vierta el vodka y el jugo de naranja en una licuadora con hielo.

Vierta en una jarra grande.

Agrega champán.

Revolver.

Vierta en copas.

(Para 4 personas)

1

ENFRIADOR COUNTRY CLUB

No se requieren cuotas de membresía. ¡Beberse todo! Es una pestaña abierta.

- 1/2 cucharadita de granadina
- 2 onzas de agua mineral con gas
- 2 onzas de vermú seco

- Refresco de gengibre

Vierta granadina y agua mineral con gas en un vaso alto.

Revolver.

Llena el vaso con hielo picado.

Agrega el vermut seco.

Rellena con ginger ale.

Adorne con espirales de cáscara de limón y naranja.

1

ENFRIADOR DE FRUTAS DE LA PASIÓN

Todo el mundo necesita un poco de pasión. Enfriador de maracuyá, eso es.

- 1 onza de jugo de naranja
- 1/2 onza de jugo de limón

- 1/2 onza de ginebra
- 1 1/2 onzas de ron ligero
- 3 onzas de néctar de maracuyá

Llene la coctelera con hielo.

Agregue jugos, ginebra, ron y néctar de maracuyá.

Agitar.

Colar en un vaso alto con hielo.

1

PONCHE BRUNCH

Si Mike y Carol sirvieran esto, se llamaría Brady Bunch Brunch Punch.

- 3 cuartos de jugo de tomate frío
- 1 litro de ron claro u oscuro
- 2 1/2 cucharaditas de salsa Worcestershire

- 5 onzas de jugo de limón o lima
- Sal y pimienta para probar

Combine todos los ingredientes en una jarra grande.

Revolver.

Vierta en una ponchera con un bloque de hielo.

Adorne con limones y limas en rodajas finas. (Para 40 porciones)

FIZZ DE ALBARICOQUE

Un impulso azucarado para ahuyentar la somnolencia persistente.

- 1 onza de jugo de limón

- 3/4 onza de jugo de lima

- 1 cucharadita de azucar

- 1 1/2 onzas de brandy con sabor a albaricoque
- Club soda

Prepare los ingredientes en un vaso alto.

Rellenar con hielo.

Cubra con agua mineral con gas.

1

FRAISE FIZZ

Empiece bien la mañana con una combinación de confitería de fresas, bayas y limón.

- 1 1/2 onzas de ginebra
- 1 onza de licor fraise
- 1/2 onza de jugo de limón fresco
- 1 cucharadita de gaseosa de club de azúcar

Llene la coctelera con hielo.

Agregue ginebra, licor fraise, jugo de limón y azúcar.

Agitar.

Colar en un vaso alto.

Rellenar con hielo.

Cubra con soda.

Adorne con una rodaja de limón y una fresa.

GRAND ROYALE FIZZ

Adecuado para un rey francés ... o para aquellos que todavía están en pijama.

- 1/2 onza de jugo de naranja
- 1 onza de jugo de lima
- 1 cucharadita de azucar
- 2 onzas de ginebra
- 1/4 onza de licor marrasquino

- 1/2 onza de refresco de club en crema

Llene la coctelera con hielo.

Agregue jugo de naranja, jugo de lima, azúcar, ginebra, licor de marrasquino y crema.

Agitar.

Colar en un vaso alto.

Rellene con hielo y agua mineral con gas.

SPRITZ DE CREMA DE ALBARICOQUE

Un gran cambio de ritmo para la multitud aventurera del brunch.

- 6 onzas de leche

- 4 onzas de néctar de albaricoque

- 2 cucharadas de brandy con sabor a albaricoque Vino espumoso

Llene la coctelera fría con leche, nec-tar de albaricoque y brandy con sabor a albaricoque.

Revuelva hasta que quede suave.

Vierta en 6 copas de vino tinto.

Agregue cantidades iguales de vino en cada copa. (Para 6)

1

AMARGO HELADO

Agradablemente frío y vigorizante, pero calienta rápidamente a sus invitados.

- Lata de 12 onzas de concentrado de limonada congelada
- 1 cucharada de jugo de naranja concentrado congelado
- 6 onzas de bourbon
- 12 onzas de hielo picado

Ponga limonada y concentrado de jugo de naranja, bourbon y hielo en una licuadora.

Licue hasta que esté licuado.

Colar en vasos agrios.

Adorne con rodajas de naranja y cerezas. (Para 8 porciones)

ENFRIADOR DE MANGO

Paso 1. Levántate. Paso 2. Consígalos para el brunch. Paso 3. Compite entre sí de regreso al dormitorio. Una delicia afrodisíaca.

- 1 1/2 onzas de vodka
- 1 1/2 onzas de jugo de naranja
- 1/2 onza de jugo de limón
- 1/2 onza de Cointreau
- 3 onzas de néctar de mango

Prepare los ingredientes en un vaso alto.

Llena el vaso con hielo.

Adorne con una rodaja de mango.

OJEN FRAPPE

Apóyate en Ojén, un licor dulce con sabor a anís, para empezar la mañana.

- 1 onza de Ojén
- 1/3 onza de jarabe de azúcar

Llene la coctelera con hielo.

Agrega Ojén y almíbar de azúcar.

Agitar.

Vierta en un vaso alto.

1

COCTEL OJEN

Una opción popular para los juerguistas del carnaval de Nueva Orleans que necesitan un estímulo para seguir atrapando las cuentas.

- 2 1/2 onzas de Ojén
- 2 pizcas de amargo de Peychaud

Llene la coctelera con hielo.

Agregue Ojén y amargos.

Revolver.

Colar en copa de cóctel.

ABSINTHE FRAPPE

Algunos dicen que la absenta es la herramienta del diablo. Señor, no dejes que sea así.

- 1/3 onza de jarabe de azúcar
- 1 1/2 onzas de Pernod

Vierta el jarabe de azúcar y Pernod en un vaso alto frío con hielo picado.

Revuelva vigorosamente hasta que aparezca escarcha en los lados del vidrio.

1

ELEVADOR MAÑANA DEL EMBAJADOR

Incluso más eficaz que el ascensor de la embajada.

- 32 onzas de ponche de huevo lácteo preparado
- 6 onzas de coñac
- 3 onzas de ron jamaicano
- 3 onzas de crema de cacao

Vierta todos los ingredientes en una ponchera.

Revolver.

Espolvoree cada porción con nuez moscada. (Para 10 a 12 porciones)

COCTEL DE LLAMADA MAÑANA

Beba suavemente mientras revive, u olvida, las payasadas de la noche anterior.

- 1 onza de pastis
- 3/4 onza de jugo de limón fresco
- 3/4 onza de licor marrasquino

Llene la coctelera con hielo.

Agregue pastis, jugo de limón y licor de marrasquino.

Agitar.

Colar en una copa de cóctel.

PERNOD CLASSIQUE

El desayuno de absenta de campeones.

- 1 onza de Pernod

- 5 onzas de agua

- 2 cubitos de hielo

Vierta el Pernod en un vaso alto.

Agrega el agua y los cubitos de hielo.

Revolver.

1

MARÍA DANÉS HELADA

Una alternativa al clásico Bloody Mary. Los invitados seguramente querrán conocer el ingrediente secreto.

- 1 1/2 onzas de aquavit

- Mezcla de Bloody Mary (comprada en la tienda o recién mezclada; ver más abajo).

Vierta aquavit en un vaso doble antiguo con hielo.

Agrega la mezcla de Bloody Mary.

MEZCLA DE BLOODY MARY

Puedes comprar algo similar en lata, pero ¿por qué no ser una diva doméstica y hacerlo desde cero?

- 2 latas de 46 onzas de jugo de tomate o jugo V-8
- 1 cucharadita de pimienta negra fresca molida gruesa
- 1 cucharadita de sal de apio

- 4 onzas de jugo de limón

- 1 botella de 5 onzas de salsa
Worcestershire Salsa Tabasco al gusto
(para calentar) Sal al gusto

Mezcle bien todos los ingredientes en una jarra.

Refrigerar.

MADRAS

El potable preppy por excelencia. Biff y Muffy no pueden tener suficiente de estos.

- 1 1/2 onzas de vodka

- 4 onzas de jugo de arándano

- 1 onza de jugo de naranja

Vierta el vodka y los jugos en un vaso alto con hielo.

Adorne con una rodaja de lima.

DESAYUNO EGGNOG

La mayoría de la gente no bebe ponche de huevo más que en Navidad.

Pero deberían hacerlo. Una revelación para cualquier día de invierno.

- huevo
- onzas de brandy
- 1/2 onza de curacao de naranja

- 3 onzas de leche

Llene la coctelera con hielo.

Agrega el huevo, el brandy, el curacao y la leche.

Agitar.

Colar en un vaso o copa.

Espolvoree con nuez moscada.

1

BUENOS DÍAS FIZZ

Te prepara para enfrentarte incluso a la más molesta y alegre de Susie Sunshine.

- 1 onza de jugo de limón
- 1 cucharadita de azucar
- 2 onzas de ginebra
- 1/2 onza de anís

- 1 clara de huevo

Llene la coctelera con hielo.

Agregue jugo de limón, azúcar, ginebra, anís y clara de huevo.

Agitar.

Colar en un vaso alto.

Rellenar con hielo y soda.

1

ROSE EN JUNIO FIZZ

La novia puede elegir un colorido ramo de flores recién cortadas. Pero lo que realmente quiere es uno de estos.

- 1 1/2 onzas de ginebra
- 1 onza de licor de frambuesa
- 1 1/2 onzas de jugo de naranja
- 1 onza de jugo de lima fresco

Llene la coctelera con hielo.

Agregue ginebra, licor de frambuesa y jugos.

Agitar.

Colar en un vaso alto.

Rellenar con hielo y soda.

FLIP DE JEREZ

Una bebida perfecta para los brunch de invierno en cabañas de montaña cuando cinco pies de nieve cubren el suelo. Fuego ardiente, opcional

- 1 huevo
- 1 cucharadita de azucar
- 1 1/2 onzas de jerez

- 1/2 onza de crema (opcional)
- 1/4 onza de crema de cacao ligera (opcional)

Llene la coctelera con hielo.

Agregue huevo, azúcar, jerez e ingredientes opcionales, si lo desea.

Agitar.

Colar en una copa de cóctel.

1

PÁJARO DEL PARAÍSO FIZZ

Esta ave del paraíso te hará volar.

- 1 1/2 onzas de ginebra
- 1/2 onza de jugo de limón
- 1/2 onza de brandy de moras
- 1/2 onza de jarabe de azúcar
- 1 clara de huevo

- 4 onzas de agua mineral con gas

Llene la coctelera con hielo.

Agregue la ginebra, el jugo de limón, el brandy de moras, el jarabe de azúcar y la clara de huevo.

Agitar.

Colar en un vaso alto.

Rellene con agua mineral con gas y hielo.

MIMOSA FRESA ESPUMOSA

No se atreva a servirlos sin una gran cantidad de tostadas francesas cubiertas con mantequilla de miel batida

- 2 onzas de jugo de naranja

- 2 onzas de fresas

- 1/2 onza de sirope de fresa 4 onzas de champán

Mezcle el jugo de naranja, las fresas y el almíbar de fresa en una licuadora hasta que quede suave.

Vierta en una copa de cóctel.

Cubra con champán.

Adorne con una fresa y una rodaja de naranja.

1

DESAYUNO MARTINI

La bebida de desayuno preferida del gran apostador antes de regresar a la mesa.

- 1 1/2 onzas de ginebra
- 3/4 onza de jugo de limón
- 3/4 onza de Cointreau
- 1 cucharadita de mermelada light

Llene la coctelera con hielo.

Agregue ginebra, jugo de limón, Cointreau y marmalade ligero.

Agitar.

Colar en una copa de martini fría.

AZUL CHAMPÁN

Tengo el blues del champán ... No me queda nada que perder ... Necesito un poco más de alcohol.

- 1/5 curacao azul
- 8 onzas de jugo de limón
- 4/5 champán seco
- Cáscara de dos limones

Enfríe todos los ingredientes.

Vierta el curacao y el jugo de limón en una ponchera (sin hielo).

Revolver.

Agrega champán.

Revuelva suavemente.

Coloca las cáscaras de limón en el tazón.

(Para 25 porciones)

CHAMPÁN DU MARCO

Perfecto para el segundo matrimonio decadente

- 1 onza de helado de vainilla
- 2 pizcas de licor marrasquino
- 4 pizcas de curacao de naranja

- 2 pizcas de coñac
- champán

Vierta los ingredientes en una copa de champán fría y profunda.

Rellenar con champagne.

Adorne con frutas de temporada.

1

CHAMPÁN FLIP

La madre de la novia bebe esto mientras la novia se viste. La madre del novio toma dos.

- 1 yema de huevo
- 1/2 cucharadita de azucar
- 3 onzas de champán
- 1/4 de onza de brandy

Llene la coctelera con hielo.

Agrega la yema de huevo, el azúcar y el champán.

Agitar.

Colar en una copa de cóctel.

Coloca brandy encima.

SANGRIA ESPECIALE

Cuando la sangría normal simplemente no sirve.

- 2/5 vino tinto
- 1/5 de champán
- 4 onzas de ginebra

- 4 onzas de coñac
- Azúcar al gusto
- Jugo de 2 naranjas
- Jugo de 2 limones

Vierta los ingredientes en una ponchera.

Revolver.

Agrega hielo.

Adorne con rodajas de naranja y limón. (Para 12 a 15 porciones)

1

PONCHE DE UVA BLANCA, MANDARINA Y VINO ESPUMOSO

¿Los invitados esperan el mismo ponche de champán de siempre? De ninguna manera.

Zig y haz que sigan adivinando.

- 48 onzas de jugo de uva blanca sin azúcar
- 6 onzas de concentrado de jugo de mandarina congelado, descongelado
- 8 onzas de agua mineral con gas
- 3 onzas de brandy
- 2 onzas de jugo de limón
- 1/5 de vino espumoso dulce
- Rodajas finas de mandarina

Vierta los ingredientes en una ponchera sobre un bloque de hielo.

Revolver.

Cubra el tazón de ponche y refrigere hasta que esté frío.

Agregue vino espumoso antes de servir.

Flotar rodajas de mandarina.

(Sirve de 15 a 20)

CHAMPAGNE SORBETE PUNCH

El puñetazo que ha lanzado mil nupcias.

- 24 onzas de jugo de piña frío
- 2 onzas de jugo de limón
- 1 cuarto de sorbete de piña
- 1/5 de champán frío

Vierta los jugos en una ponchera.

Agregue el sorbete justo antes de servir.

Agrega champán.

Revolver.

(Para 20 porciones)

1

PUNZÓN CHAMPÁN

Dale la bienvenida al bebé al año nuevo con esta bebida burbujeante.

- Jugo de 12 limones
- Azúcar en polvo
- 8 onzas de licor marrasquino
- 8 onzas de triple sec
- 16 onzas de brandy
- 2/5 de champán frío
- 16 onzas de agua mineral con gas
- 16 onzas de té fuerte, opcional

Agregue suficiente azúcar en polvo para endulzar el jugo de limón en un tazón pequeño.

Vierta la mezcla en una ponchera sobre hielo.

Revolver.

Agregue licor de marrasquino, triple sec, brandy, champagne, club soda y té fuerte, si lo desea.

Revolver.

Decora con frutas de temporada.

(Para 20 a 25 porciones)

1

PONCHE DE BACCIO

Este brebaje despreocupado hará que los dioses se inclinen ante ti.

- 16 onzas de champán
- 16 onzas de jugo de toronja
- 16 onzas de ginebra seca
- 4 onzas de anís
- Azúcar al gusto
- 16 onzas de agua mineral

Vierta los ingredientes en una ponchera.

Revuelva bien.

Rodee el tazón con cubitos de hielo.

Decora con frutas.

Sirva en copas.

Adorne con varias uvas. (Para 8 porciones)

ORO CALIENTE

Ahora sabemos qué mantuvo a los 49ers durante la fiebre del oro.

- 6 onzas de jugo de naranja tibio
- 3 onzas de amaretto

Vierta el jugo de naranja en una taza grande.

Agrega amaretto.

Revuelva con una rama de canela.

1

ENFRIADOR DE CAFÉ

Éste no está en el menú de Starbucks. Pero puede estar en el tuyo.

- 1 1/2 onzas de vodka
- 1 onza de crema
- 1 onza de licor de café
- 1 cucharadita de azucar
- 4 onzas de café negro frío
- 1 cucharada pequeña de helado de café

Llene la coctelera con hielo.

Agregue vodka, crema, licor de café, azúcar, café y helado de café.

Agitar.

Colar en un vaso alto.

HIGHBALL DE BULLDOG

¡Arf! No es necesario guardarlos para cuando esté poniendo al perro.

- 1 1/4 onzas de jugo de naranja
- 2 onzas de ginebra
- Refresco de gengibre

Prepare el jugo de naranja y la ginebra en un vaso alto con hielo.

Rellena con ginger ale.

JENGIBRE FIZZ

Tienes que pensar que la estrella de Gilligan's Island estaba deseando uno de estos después de su primera semana en la isla.

- 1 onza de jugo de limón

- 1 cucharadita de azucar
- 1 1/2 onzas de ginebra
- Refresco de gengibre

Llene la coctelera con hielo.

Agregue jugo de limón, azúcar y ginebra.

Agitar.

Colar en un vaso alto con hielo.

Rellena con ginger ale.

MAÑANA FIZZ

Para la nena rockera que solo necesita un poco de ayuda de gloria de la mañana de la botella.

- 2 onzas de whisky mezclado
- 1/2 clara de huevo
- 1/2 onza de jugo de limón

- 1 cucharadita de azucar
- 1/2 cucharadita de Pernod
- Gaseosa fría

Llene la coctelera con hielo.

Agregue whisky, clara de huevo, jugo de limón, azúcar y Pernod.

Agitar.

Colar en un vaso alto.

Agrega un chorrito de refresco

Llena el vaso con hielo.

Revolver.

ENFRIADOR ROBERT E. LEE

En términos generales, nunca se debe renunciar a esta bebida. Siéntete libre de volver a subir y mezclar otro.

- 1/2 cucharadita de azucar

- 2 onzas de agua mineral con gas
- 3/4 onza de jugo de lima
- 1/4 onza de pastis
- 1 1/2 onzas de ginebra
- Refresco de gengibre

Disuelva el azúcar en agua mineral con gas en un vaso Collins.

Agrega hielo.

Prepare jugo de lima, pastis y ginebra.

Rellena con ginger ale.

Adorne con espirales de limón y naranja.

OASIS NARANJA

Aquí no hay espejismo, viajero sediento. Entra, pero deja el camello afuera.

- 1 1/2 onzas de ginebra

- 1/2 onza de licor de cereza
- 4 onzas de jugo de naranja
- Refresco de gengibre

Prepare ginebra, licor de cereza y jugo de naranja en un vaso Collins con hielo.

Rellena con ginger ale.

Aderezar con un gajo de naranja.

1

SPARKLE DE FRESA

Una pizca de alegría rosa para las ocasiones más desenfadadas

- 1 taza de fresas frescas en rodajas

- 2 onzas de jugo de fruta concentrado de daiquiri de fresa congelado, descongelado
- 6 onzas de champán frío
- 4 onzas de agua con gas fría con sabor a limón

Pon las fresas frescas en una licuadora.

Mezclar hasta que esté suave.

Vierta el puré de fresa en una jarra de vidrio.

Agregue jugo concentrado.

Revuelva bien.

Cubra y refrigere.

Antes de servir, agregue el champán y el agua con gas.

Vierta en copas de champán heladas.

Adorne con fresas frescas, si lo desea.

Fresa-CRANBERRY FROST

Así es como Jack Frost te atrae para que pueda morderte la nariz.

- 2 onzas de vodka
- 4 onzas de fresas congeladas en rodajas, en almíbar, parcialmente descongeladas
- 4 onzas de cóctel de jugo de arándano
- 3 onzas de hielo

Vierta vodka, fresas congeladas, jugo de arándano y hielo en una licuadora.

Mezclar hasta que esté suave.

Vierta en una copa grande.

Adorne con una fresa entera y una ramita de menta.

1

AMORÍO

Definitivamente para recordar.

- 2 onzas de licor de fresa
- 2 onzas de jugo de arándano
- 2 onzas de jugo de naranja
- Refresco de club (opcional)

Vierta aguardiente, jugo de arándano y jugo de naranja en un vaso alto con hielo.

Revolver.

Cubra con agua mineral con gas, si lo desea.

JULEP DE MENTA CONGELADA

Los sofocantes días de verano requieren uno de estos. Que sean dos.

- 2 onzas de bourbon
- 1 onza de jugo de limón
- 1 onza de jarabe de azúcar
- 6 hojas de menta
- 6 onzas de hielo picado

Tritura el bourbon, el jugo de limón, el jarabe de azúcar y las hojas de menta en un vaso.

Vierta la mezcla y el hielo en una licuadora.

Licue a alta velocidad durante 15 o 20 segundos.

Vierta en un vaso alto frío.

Adorne con una ramita de menta.

1

LAKE BREEZE

Mientras los niños están recolectando leña para la fogata, tome algunas de estas.

- 4 onzas de jugo de arándano
- 2 onzas de jugo de piña
- 1 cucharadita de licor de coco
de refresco de lima-limón

Llene la coctelera con hielo.

Agregue jugos, licor y refrescos.

Agitar.

Colar en un vaso Collins con hielo.

Llenar con soda.

1

FANCY FIX

La dosis que tanto necesitan aquellos a los que les gusta lo elegante.

- Jugo de 1/2 limón o lima
- 1 cucharadita de azúcar en polvo
- 1 cucharadita de agua
- 2 1/2 onzas de champán

Exprima jugo de limón o lima en un vaso Collins.

Agrega azúcar y agua.

Revolver.

Llena el vaso con hielo picado.

Agrega champán.

Revuelva bien.

Adorne con una rodaja de limón y una pajita.

COPA DE PIMM

A los London Lucys les encanta esta bebida clásica de la clase alta británica. Perfecto para un día en Wimbledon, Ascot o la Henley Royal Regatta.

- 2 partes de limonada o cerveza de jengibre (a elección del barman)
- 1 parte de Pimms No.1
- Rodaja de naranja empapada en vodka; pepino; limón; manzana; una fresa

Vierta limonada en un vaso alto con hielo. (Use una jarra si prepara más de una bebida).

Agregue la Copa Pimm's No. 1.

Agregue fruta empapada en vodka.

Adorne con una ramita de menta.

MANGO BATIDA

Una hielera sudamericana que refresca al trotamundos más cansado.

- 1 onza de jugo de naranja
- 2 1/4 onzas de jugo de mango
- 1 1/2 onzas de cachaca

Vierta los jugos y la cachaca en una coctelera.

Agitar.

Vierta en un vaso alto con hielo picado.

Revolver.

1

CPSIA information can be obtained
at www.ICGtesting.com
Printed in the USA
BVHW091412030521
606339BV00005B/677